Ana Bilić

Croatian Simple Sentences 1

Croatian – English Textbook

Level: Easystarts - A1 = Novice Low

3. Edition

Croatian Made Easy

INTRODUCTION

The book „Croatian Simple Sentences 1" is specially designed for learners at language level A1 = Novice Low and offers a comprehensive selection of practice-oriented, ready-made sentences for learning Croatian. These sentences are grouped thematically to facilitate an effective learning process.

In addition to the printed edition and the electronic e-book „Croatian Simple Sentences 1", an audio book and an interactive book (e-book + audio) are also available. These diverse resources offer learners the opportunity to deepen and practise their language skills in different ways, which can lead to faster and more sustainable learning success.

More information at www.croatian-made-easy.com

ACTFL	CEFR	Croatian-Made-Easy	
Novice Low	A1	Level 0: Easystarts	up to 400 words
Novice Mid, High	A1	Level 1: Beginners	up to 800 words
Intermediate Low	A2	Level 2: Intermediate	up to 1,200 words

ACTFL	CEFR	Croatian-Made-Easy	
Intermediate Mid	B1 (B1.1)	Level 3: Advanced	up to 1,700 words
Intermediate High	B1 (B1.2)		
Advanced Low	B2 (B2.1)	Level 4: Perfection	up to 2,200 words
Advanced Mid	B2 (B2.2)		
Advanced High	C1	Level 5: Perfection Plus	up to 2,800 words
Superior	C2	Level 6: First Language	up to 3,500 words
Standard Literature			

CONTENT – SADRŽAJ

1. Hello! – Bok!
Getting to know each other I – Upoznavanje I
Getting to know each other II – Upoznavanje II
What's your name? – Kako se zoveš?

2. Where are we and what we are doing? – Gdje smo i što radimo?
In the city – U gradu
At the café – U kafiću
In the restaurant – U restoranu
At the vegetable market – Na tržnici
Leisure – Slobodno vrijeme

3. Descriptions – Opisi
How does the food taste? – Kakva su jela?
Personal description – Opis osobe
Apartment description – Opis stana
Weather forecast – Vremenska prognoza

4. My day – Moj dan
Everyday life – Svakodnevica
In the evening – Navečer
We're going to a concert – Idemo na koncert
We visit the Plitvice Lakes – Idemo na Plitvička jezera

5. Winter – Zima
New Year – Nova godina
Winter Holidays – Zimski praznici

6. My job – Moj posao
My job – Moj posao
Yesterday – Jučer

7. We are celebrating – Mi slavimo
I invite you to my birthday party – Pozivam na rođendan
My family – Moja obitelj
My relatives – Moja rodbina

8. Summer – Ljeto
Summer plans – Planovi za ljeto
At the exchange office – U mjenjačnici
At the post office – Na pošti
Lost documents – Izgubljeni dokumenti
A lost property – Izgubljena stvar

1. Hello! – Bok!

Getting to know each other I – Upoznavanje I

Dobar dan!	Good afternoon! Good morning!
Kako si?	How are you?
Hvala, dobro. A ti?	Fine, thanks. And you?
I ja sam dobro.	I'm fine, too.
Kako je tvoj muž?	How's your husband?
Hvala, on je dobro.	He's fine, thanks.
Kako je tvoja žena?	How's your wife?
Ona je tako–tako.	She's mediocre.
Odakle si?	Where are you from?
Ja sam iz Zagreba.	I come from Zagreb.
Odakle je tvoja prijateljica?	Where's your girlfriend from?

Ona je iz Bjelovara.	She's from Bjelovar.
Odakle je tvoj prijatelj?	Where's your friend from?
On je iz Šibenika.	He's from Šibenik.

Getting to know each other II – Upoznavanje II

Dobro jutro!	Good morning!
Kako se kaže: „excellent"?	How do you say "excellent"?
Kaže se: „odlično".	You say "odlično".
Što znači: „loše"?	What does "loše" mean?
„Loše" znači „bad".	"Loše" means "bad".
Jesi ti loše?	Are you feeling bad?
Ne, ja sam danas odlično.	No, I feel great today.
Što si po zanimanju?	What's your job?
Interesantno.	That's interesting.
Ja sam službenik po zanimanju.	I'm an employee.

Što su tvoji roditelji po zanimanju?	What do your parents do?
Moja majka je liječnica po zanimanju.	My mother is a doctor by profession.
Moj otac je u učitelj po zanimanju.	My father is a teacher by profession.

What's your name? – Kako se zoveš?

Dobra večer!	Good evening!
Kako se zove tvoj brat?	What's your brother's name?
Moj brat se zove Tomislav.	My brother's name is Tomislav.
Kako se zove tvoja sestra?	What's your sister's name?
Moja sestra se zove Doroteja.	My sister's name is Doroteya.
Ne razumijem.	I don't understand.
Polako, polako!	Slowly, slowly!
Ne znam.	I don't know.

Ide.	I'm alright.
Samo malo.	Just a little bit. Just a bit.
Vidimo se!	See you!
Doviđenja!	Bye!
Do sutra!	See you tomorrow!

2. Where are we and what we are doing? – Gdje smo i što radimo?

In the city – U gradu

Oprostite, možete li mi pomoći?	Excuse me, can you help me?
Molim vas, gdje je ovdje parkiralište?	Please, where's the parking lot?
Razumijem.	I see.
Oprostite, gdje je ovdje ljekarna?	Excuse me, where's the pharmacy?
Tu, u blizini.	It's nearby.
Oprostite, gdje je ovdje bolnica?	Excuse me, where's the hospital?
Odmah ovdje.	Right here.
Oprostite, gdje je ovdje taksi stanica?	Excuse me, where's the taxi station?
Daleko.	Far away.

Oprostite, gdje je ovdje kazalište „Gavella"?	Excuse me, where is the "Gavella" theatre?
Iza ugla.	Around the corner.
Oprostite, gdje je ovdje tramvajska stanica?	Excuse me, where is the tram station?
Tamo.	There.
Oprostite, gdje je ovdje pošta?	Excuse me, where's the post office?
Idite samo ravno.	Just walk straight ahead.
Oprostite, gdje je ovdje policijska stanica?	Excuse me, where is the police station?
Idite lijevo, pa desno.	Turn left, then right.
Mi tražimo kino „Central".	We're looking for the Central Theatre.
Idite desno, pa lijevo, pa desno.	Go right, then left, then right.
Gdje je ovdje lift?	Where's the elevator?
Idite uvijek desno.	Always turn right.
Gdje je ovdje tržnica „Dolac"?	Where's the Dolac market?

Vidite onu ulicu tamo? Da, tamo je.	You see that street there? Yes, that's where it is.
Gdje je ovdje bankomat?	Where's an ATM around here?
Tamo preko.	Right over there.
Gdje je ovdje izlaz?	Where's the exit here?
Lijevo.	To the left.
Gdje je ovdje knjižara?	Where's the bookstore?
Desno.	On the right.
Hvala puno.	Thanks a lot.
Nema na čemu.	You're welcome.
Doviđenja!	Goodbye!

At the café – U kafiću

Dobar dan!	Good afternoon!
Oprostite, možemo li naručiti?	Excuse me, may we order?

Ja želim kavu i običnu vodu.	I'd like a coffee and tap water with that.
Molim vas, s mlijekom.	Please, with milk.
Molim vas, bez mlijeka.	Please, without milk.
Ja želim duplu kavu.	I'd like a double coffee.
Mi želimo dvije kave.	We'd like two coffees.
Ja želim samo espreso.	I only want an espresso.
Kakve imate čajeve?	What kind of tea do you have?
Molim vas, bez limuna.	Please, without lemon.
Ja želim samo vodu.	I just want water.
Ja želim pola litre vode.	I'd like a pint of water.
Imate li negaziranu vodu?	Do you have still water?
Da, molim.	Yes, please.
Molim, sa ledom.	Please, with ice cubes.
Molim, bez leda.	Please, without ice cubes.
Ja želim pivo.	I want a beer.

Kakva piva imate?	What kind of beer do you have?
Ja želim pivo u boci.	I want a bottled beer.
Ja želim točeno pivo.	I want a draft.
Je li pivo hladno?	Is the beer cold?
Ja želim rakiju.	I'd like a schnapps.
Koju rakiju mi preporučujete?	What kind of schnapps do you recommend?
Je želim probati domaću vrstu rakije.	I'd like to try a local variety of schnapps.
Ja želim čašu vina.	I'd like a glass of wine.
Imate li crno vino?	Do you have red wine?
Imate li bijelo vino?	Do you have white wine?
Imate li neko dobro domaće vino?	Do you have a good local wine?
Tko proizvodi to vino?	Who makes the wine?
Oprostite, gdje je ovdje WC?	Excuse me, where's the bathroom?
To je sve, hvala.	That's all, thanks.

Mi želimo platiti.	We'd like to pay.
To je napojnica za vas.	This is the tip for you.
Doviđenja!	Goodbye.

In the restaurant – U restoranu

Molim vas, gdje je naš stol?	Please, where is our table?
Gdje je moje mjesto?	Where is my seat?
Možemo li dobiti jelovnik?	Can we get a menu?
Što nam možete preporučiti?	What can you recommend?
Imate li vinsku kartu?	Do you have a wine list?
Imate li danas dnevni meni?	Is the menu of the day available today?
Hoćemo li naručiti predjelo?	Shall we order an appetizer?
Uzet ćemo hladno predjelo.	We will have a cold starter.
Ja ću uzeti toplo predjelo.	I'll have a warm starter.

Mi smo jako gladni.	We are very hungry.
Mi nismo jako gladni.	We're not very hungry.
Što ćemo uzeti za glavno jelo?	What shall we have for our main course?
Ja ne jedem meso.	I don't eat meat.
Mi želimo nešto lagano.	We want something light.
Možete li nam ovo jelo staviti na dva tanjura?	Could you divide this dish into two plates?
U jelovniku stoji: „domaća juha". Što je to?	The menu says "domaća juha". What is it?
Što je uz ovo jelo prilog?	What is the side dish on this dish?
Mogu li dobiti ovo jelo bez priloga?	Can I get this dish without a side dish?
Je li to slatko ili slano?	Is it sweet or salty?
Ja ne poznajem to jelo.	I don't know this dish.
Recite mi – kakvo je ovo jelo?	Tell me - what is this food like?
Imate li neko tipično hrvatsko jelo?	Do you have a typical Croatian dish?

Zašto ne?	Why not?
Ipak ne.	Actually not.
Onda ćemo probati to jelo.	Then let's try this food.
Mi želimo i desert.	We want dessert too.
Što je „makovnjača"?	What is "makovnjača"?
Je li to hrvatski specijalitet?	Is it a Croatian speciality?
Mi želimo dvije čaše vina.	We want two glasses of wine.
Molim vas, i pola litre negazirane vode.	Also, please, half a liter of still water.
Molim vas, samo običnu vodu.	Only tap water please.
Mi ćemo piti kavu poslije.	We will have coffee afterwards.
Molim Vas novu žlicu.	Please, can I have a new spoon?
Mogu li dobiti novu viljušku?	Can I get a new fork?
Imate li pepeljaru?	Do you have an ashtray?

Mogu li dobiti još jednu salvetu?	Can I get another napkin?
Da, to je vrlo ukusno.	Yeah, it's good.
Da, mi smo jako zadovoljni.	Yes, we're very pleased.
Ne, mi nismo zadovoljni.	No, we're not satisfied.
Nažalost.	Unfortunately.
Molim vas, možemo li platiti?	Please, can we pay?
Račun, molim.	Check, please.
Puno hvala.	Thank you very much.

At the vegetable market – Na tržnici

Molim vas, koliko ovo košta?	Please, how much is this?
To je vrlo jeftino.	That's very cheap.
To je vrlo skupo.	That's very expensive.
Odakle dolazi ovo voće?	Where does the fruit come from?
Odakle dolazi ovo povrće?	Where do the vegetables come from?
Je li voće svježe?	Is the fruit fresh?
Je li povrće svježe?	Are the vegetables fresh?
Ja želim jedan kilogram.	I want one kilogram.
Ja želim pola kilograma.	I want half a kilo.
Ja želim dva kilograma.	I want two kilograms.
Ja želim samo jedno pakovanje voća.	I only want one box of fruit.
Mogu li izabrati voće?	Can I choose the fruit by myself?

Možete li mi zapakirati samo ovaj komad?	Can you give me only this piece?
To je previše.	That's too much.
To je premalo.	It's too little.
Ta jabuka je trula.	This apple is rotten.
Ne, hvala lijepa.	No, thank you very much.
Voće je za kolač.	The fruit is for a cake.
Povrće je za juhu.	The vegetables are for soup.
Molim vas, samo velike komade.	Please, just big pieces.
Molim vas, samo male komade.	Please, only small pieces.
Mogu li dobiti samo pola?	Can I only get half of it?
Ja nemam vrećicu.	I don't have a sack/bag.
Ja nemam sitnog novca.	I have no change.

Leisure – Slobodno vrijeme

Što radiš u slobodno vrijeme?	What do you do in your spare time?
Imaš li puno slobodnog vremena?	Do you have a lot of spare time?
Imaš li hobi?	Do you have a hobby?
Koji je tvoj hobi?	What kind of hobby do you have?
Voliš li nogomet?	Do you like football?
Igraš li košarku?	Do you play basketball?
Moj hobi je kuhanje.	My hobby is cooking.
Moji hobiji su knjige i čitanje.	My hobbies are books and reading.
Moj hobi je sviranje.	My hobby is making music.
Ja sviram klavir i gitaru.	I play piano and guitar.
Ja volim duge šetnje.	I like long walks.
Ja volim prirodu.	I like nature.

Moj hobi je planinarenje.	My hobby is mountain climbing.
Moj hobi je gledanje filmova.	My hobby is watching movies.
Kako često se baviš svojim hobijem?	How often do you deal with your hobby?
Svaki dan.	Every day.
Svaki vikend.	Every weekend.
Ne često, samo ponekad.	Not often, just sometimes.
Imaš li vremena za to?	Do you have time for it?
Ne uvijek.	Not always.
Za hobi imam uvijek vremena.	I always have time for a hobby.
Voliš li ići u kino?	Do you like going to the movies?
Voliš li operu?	Do you like the opera?
Kada imam vremena, ja ostajem kod kuće.	When I have time, I stay at home.
Ja volim gledati televiziju.	I like watching TV.
Ja rado slikam i crtam.	I like painting and drawing.

Moji hobiji su joga i qi gong.	My hobbies are yoga and Qi Gong.
Moj hobi je skijanje.	My hobby is skiing.
Moj hobi je hokej.	My hobby is ice hockey.
Moj hobi je plivanje.	My hobby is swimming.
Ja idem svaki vikend plivati na bazen.	I go to the swimming pool every weekend.
Moj hobi su putovanja.	My hobby is travelling.
Ja volim posjećivati gradove.	I like to visit cities.
Ja volim posjećivati daleke zemlje.	I like to visit distant countries.
Ja se bavim sportom.	I do sports.
Kojim sportom se baviš?	What kind of sports do you play?
Ja se bavim odbojkom.	I play volleyball.
Ja igram stolni tenis.	I play table tennis.
Ja nemam hobi.	I have no hobby.

3. Descriptions – Opisi

How does the food taste? – Kakva su jela?

Kakav je doručak?	How's breakfast?
Doručak je vrlo ukusan.	The breakfast is very tasty.
Je li kruh svjež?	Is the bread fresh?
Da, kruh je svjež.	Yes, the bread is fresh.
Je li čaj topao?	Is the tea warm?
Ne, čaj je hladan.	No, the tea is cold.
Salata uopće nije slana.	The salad is not salted at all.
Juha je bljutava.	The soup is bland.
Ovaj odrezak nije pečen.	The schnitzel isn't well done.
Ovaj kolač je dovoljno sladak.	This cake is sweet enough.
Vaša predjela su vrlo izdašna.	Your appetizers are very elaborate.

Glavno jelo nije jeftino.	The main course isn't cheap.
Umak je nažalost kiseo.	I'm afraid the sauce is sour.
Piletina je prezačinjena.	The chicken is too spicy.
Meso je odlično pečeno.	The meat is superbly roasted.
Ova svinjetina nije dobra.	This pork is not good.
Riba je lagano jelo.	Fish is a light meal.
Krastavac je gorak.	Cucumber is bitter.
Rajčice su kisele.	Tomatoes are sour.
Kakva je večera?	How is dinner?
Ja želim nešto toplo.	I want something warm.
Ja želim krepku juhu.	I want a strong soup.
Ja želim svježu salatu i malo domaćeg sira.	I want a fresh salad and some homemade cheese.
Mi želimo samo svježu salatu.	We just want a fresh salad.
Sladoled je topao.	The ice cream is warm.

Vaši deserti izgledaju jako dobro.	Your desserts look very good.

Personal description – Opis osobe

Kako izgleda tvoja prijateljica?	What does your girlfriend look like?
Ona je niska i ima smeđu kosu.	She's small and has brown hair.
Kako izgleda tvoj prijatelj?	What does your friend look like?
On je visok i ima plavu kosu.	He's tall and has blond hair.
Što on nosi?	What does he wear?
On nosi hlače i košulju.	He wears pants and a shirt.
Ona nosi uvijek suknje i bluze.	She always wears skirts and blouses.
Kakav je njegov karakter?	What is his character like?
On je simpatičan i drag.	He is nice and friendly.
Ona je moderna i interesantna.	She is modern and interesting.

On je jako glasan.	He is very loud.
Ona je vesela.	She is cheerful.
Moj prijatelj je sada jako ljut.	My friend is very angry now.
Zašto je tvoj prijatelj ljut?	Why is your friend angry?
Njegova jakna je prljava.	His jacket is dirty.
Moja prijateljica je tužna.	My friend is sad.
Zašto je tvoja prijateljica tužna?	Why is your friend sad?
Njezina suknja je prljava.	Her skirt is dirty.
Kakav je tvoj pas?	How's your dog?
On je mali, mlad i brz.	He's small, young and fast.
Kakva je tvoja mačka?	What's your cat like?
Ona je debela i spora.	She's fat and slow.
Kakva je tvoja torba?	How's your bag?
Ona je velika i skupa.	It's big and expensive.
Ona je loše jer je žedna.	She's not well, she's thirsty.

Kakva je njegova košulja?	How's his shirt?
Kakva je njezina suknja?	How's her skirt?
Kakav je njegov kaput?	What's his coat?
Moja koža je tamna, zar ne?	My skin is tanned, isn't it?
On je loše jer je gladan.	He's sick because he's hungry.

Apartment description – Opis stana

O, kako je Vaš/vaš stan velik!	Oh, how big is your apartment!
Je li Vaš/vaš stan skup?	Is your apartment expensive?
Stan je ogroman, ali nije skup.	The flat is huge, but not expensive.
Vi imate sreće sa stanom.	You are lucky with the flat.
Vaša terasa je prostrana.	Your terrace is spacious.
Dnevna soba je moderna i ugodna.	The living room is modern and comfortable.

Spavaća soba je minijaturna.	The bedroom is tiny.
Ovdje primate goste, zar ne?	This is where you receive the guests, isn't it?
Naš balkon je mali, ali lijep.	Our balcony is small but nice.
Imate li i blagovaonicu?	Do you have a dining room?
Ne, nažalost nemamo blagovaonicu.	No, unfortunately we do not have a dining room.
Kakva je Vaša/vaša kupaonica?	What is your bathroom like?
Naša kupaonica je jednostavna i praktična.	Our bathroom is simple and practical.
Njihov WC je mali, ali čist i lijep.	Their toilet is small but clean and nice.
Je li vaš stan topao?	Is your apartment warm?
O da, stan je vrlo topao.	Oh yes, the apartment is very warm.
Imate li ostavu?	Do you have a storage room?

Ne, nažalost nemamo ostavu.	No, unfortunately we do not have a storage room.
Kakva je zgrada?	How is the building?
Zgrada je stara, ali lijepa.	The building is old but nice.
Kakav je lift u zgradi?	How is the lift in the building?
Lift radi.	The lift is in use.
Mi nemamo lift u zgradi.	There's no lift in the building.
Kakva je ulica?	How's the street?
Ulica je dugačka i glasna.	The street is long and loud.

Weather forecast – Vremenska prognoza

Kakvo je vrijeme danas?	How is the weather today?
Danas je sunčano.	It's sunny today.
Danas je pretežno sunčano.	Today it is mostly sunny.
Danas je oblačno s kišom.	Today it is cloudy with rain.

Danas imamo maglu.	Today we have fog.
Trebamo li danas kišobrane?	Will we need umbrellas today?
Danas treba padati kiša.	Today it's supposed to rain.
Trebamo li danas jakne?	Do we need jackets today?
Ne, danas imamo sunce.	No, today we have sun.
Pada kiša.	It's raining.
Pada snijeg.	It's snowing.
Hladno je.	It's cold.
Toplo je.	It's warm.
Vruće je.	It's hot.
Sparno je.	It's humid.
Svježe je.	It's fresh.
Danas je nebo plavo.	Today the sky is blue.
Danas je nebo oblačno.	Today it's cloudy.

4. My day – Moj dan

Everyday life – Svakodnevica

Kada se budiš?	When do you wake up?
Ja se budim svaki dan oko 7.	I wake up around 7 every day.
Što doručkuješ?	What do you eat for breakfast?
Volim lagan doručak.	I like a light breakfast.
Ja ne doručkujem.	I don't have breakfast.
Ja volim ujutro puno jesti.	I like to eat a lot in the morning.
Što radiš prijepodne?	What do you do in the morning?
Prijepodne radim.	I work in the morning.
Prijepodne sam na poslu.	In the morning, I'm at work.
Kada ručaš?	When do you eat lunch?

Obično ručam oko 12 (dvanaest).	I usually eat lunch around noon.
Što obično ručaš?	What do you usually eat for lunch?
Ja jedem u kantini.	I eat in the canteen.
Ja jedem kod kuće.	I eat at home.
Ja kuham kod kuće svaki dan.	I cook at home every day.
Ja ne ručam jer kasno doručkujem.	I don't eat lunch because I eat breakfast late.
Što radiš poslijepodne?	What are you doing in the afternoon?
Poslijepodne sam na poslu.	In the afternoon, I'm at work.
Poslijepodne sam kod kuće s djecom.	In the afternoon, I'm at home with the kids.
Poslijepodne se odmaram.	In the afternoon I rest.
Odmaraš li se dugo?	Do you rest long?
Ja se kratko odmaram.	I rest a little.
Ja se ne odmaram jer nemam vremena.	I don't rest because I don't have time.

Što radiš navečer?	What do you do in the evening?
Navečer gledam televiziju.	In the evening I watch TV.
Navečer čitam novine.	In the evening I read the paper.
Navečer čitam knjige.	In the evening I read books.
Navečer glačam rublje.	In the evening I iron the laundry.
Navečer spremam stan.	In the evening I clean the apartment.
Navečer sam s djecom.	In the evening I'm with the children.
Kada ideš spavati?	When do you go to bed?
Obično idem kasno spavati.	I usually go to bed late.
Obično idem rano spavati.	I usually go to bed early.

In the evening – Navečer

Kamo idemo večeras?	Where are we going tonight?
Večeras idemo na večeru.	Tonight we're eating out.
Kamo idemo u subotu?	Where are we going on Saturday?
U subotu idemo van.	We're going out on Saturday.
Kamo van?	Out where?
Idemo večerati van.	We're going out to dinner.
Kamo idemo poslije?	Where are we going after?
Poslije idemo u kino.	We're going to the movie theatre later.
Što slavimo u subotu?	What are we celebrating on Saturday?
U subotu slavimo rođendan.	On Saturday we're celebrating a birthday.
Kada se vidimo?	When will I see you?
Vidimo se u pola osam.	See you at 7:30.

Kamo ideš sutra?	Where are you going tomorrow?
Sutra idem u kazalište.	Tomorrow I'm going to the theatre.
Kamo ideš sutra navečer?	Where are you going tomorrow night?
Sutra navečer ne idem nikuda.	I'm not going anywhere tomorrow night.
Kamo ideš prekosutra?	Where are you going the day after tomorrow?
Prekosutra imam sastanak s Tomislavom.	The day after tomorrow, I have a date with Tomislav.
Oko koliko sati se vidimo?	What time will I see you?
Vidimo se oko pet.	I'll see you around 5.
Do kada ostajemo u klubu?	What time do we stay at the club?
Do ponoći.	Until midnight.
Što želiš raditi sutra navečer?	What do you want to do tomorrow night?
Sutra navečer želim gledati televiziju.	Tomorrow night I want to watch TV.

Kamo želiš ići u petak navečer?	Where do you want to go Friday night?
U petak navečer želim ići na izložbu.	Friday night I want to go to the exhibition.
Kamo idemo u nedjelju navečer?	Where are we going on Sunday night?
U nedjelju navečer idemo u operu.	Sunday night we're going to the opera.

We're going to a concert – Idemo na koncert

Imam karte za koncert.	I have tickets to the concert.
Odlično!	Excellent! Great!
Kada je koncert?	When is the concert?
Koncert je u subotu.	The concert's on Saturday.
U koliko sati je koncert?	What time does the concert start?
Koncert počinje u 9 sati.	The concert starts at 9 am.
To je koncert klasične muzike.	This is a classical music concert.

To je jazz koncert.	This is a jazz concert.
To je koncert narodne muzike.	This is a folk music concert.
To je koncert elektronske muzike.	This is an electronic music concert.
Gdje je koncert?	Where is the concert?
Gdje je to točno?	Where is it exactly?
Ja nemam kartu za koncert.	I don't have a concert ticket.
Koliko košta karta?	How much does the ticket cost?
Kada radi blagajna?	When is the box office open?
Možemo nazvati i pitati.	We can call and ask.
Ja ću nazvati i pitati.	I´ll call and ask.
Tko još ide na koncert?	Who else is coming to the concert?
Gdje ćemo se naći?	Where do we meet?
Kako ću doći do tamo?	How do I get there?
Tramvajem broj 6 .	Tram number 6.

Tramvajem broj 11 (jedanaest) pa autobusom dvije stanice.	Tram number 11, then take the bus two stops.
Pješice.	On foot.
Možemo se naći pred koncertnom dvoranom.	We can meet in front of the concert hall.
To je dobra ideja.	That's a good idea.
Hoćemo li poslije ići na piće?	Shall we have a drink later?

We visit the Plitvice Lakes – Idemo na Plitvička jezera

Za vikend idemo na izlet.	This weekend we're going on a field trip.
Kamo idete na izlet?	Where are you going for the trip?
Idemo na Plitvička jezera.	We are going to the Plitvice Lakes.
Hoćeš li i ti ići s nama?	Do you want to go with us too?
Rado.	Sure.

Jesu li Plitvička jezera daleko?	Are the Plitvice Lakes far away?
Kako ćemo do tamo?	How do we get there?
Idemo autom.	We'll go by car.
Možemo ići autobusom.	We can go by bus.
Ima li vlak do Plitvičkih jezera?	Is there a train line to the Plitvice Lakes?
Trebamo pogledati na internet.	We should look on the Internet.
Koga ćemo još pozvati?	Who else do we invite?
Možemo pozvati Tomislava.	We can invite Tomislav.
Možemo pozvati moju mamu.	We can invite my mother.
Bolje da idemo na Plitvička jezera za godišnji odmor.	It's better that we visit Plitvice Lakes on vacation.
Plitvička jezera su jako velika.	The Plitvice Lakes are very big.
Koliko trebamo vremena za obilazak?	How much time do we need for the tour?

Cijeli dan.	The whole day.
Možemo ići na Plitvička jezera za Uskrs.	We can go to the Plitvice Lakes at Easter.
Zašto tada?	Why then?
Imamo više vremena.	We have more time.
Što ćemo ponijeti na izlet?	What are we taking with us on this trip?
Hoćemo li tamo prenoćiti?	Are we going to spend the night there?
Hoćemo li rezervirati hotel?	Should we book a hotel?
Hoćemo li uzeti privatni smještaj?	Shall we go to a private accommodation?
Hoćemo li ostati duže?	Are we going to stay longer?
Hoćemo li ostati nekoliko dana?	Shall we stay a few days?
Hoćemo li uzeti apartman?	Shall we book an apartment?
Kakvo će biti vrijeme?	What will be the weather like?

Kakvu odjeću trebam ponijeti?	What kind of clothes should I take with me?
Hoćemo li kupiti turistički vodič?	Shall we buy a travel guide?

5. Winter – Zima

New Year – Nova godina

Kako ćeš slaviti Božić?	How will you celebrate Christmas?
Ja ću ići u posjet roditeljima.	I'm going to see the parents.
Ja ne slavim Božić.	I don't celebrate Christmas.
Kako ćeš putovati?	How will you travel?
Ja ću putovati avionom.	I'm gonna travel by plane.
Mi ćemo ići autom.	We'll go by car.
Kuhaš li nešto posebno za Božić?	Are you cooking anything special for Christmas?
Pečeš li kekse za Božić?	Are you baking cookies for Christmas?
Voliš li snijeg za Božić?	Do you like snow for Christmas?

Hoće li padati snijeg za Božić?	Will it snow for Christmas?
Ne znam, ali nadam se da hoće.	I don't know, but I hope so.
S kime ćeš slaviti Božić?	Who are you going to spend Christmas with?
Slavit ću Božić s roditeljima.	I'm going to celebrate Christmas with my parents.
Slavit ću Božić s prijateljima.	I'm going to celebrate Christmas with friends.
Slavit će Božić na poslu.	I'm going to celebrate Christmas at work.
Imate li Božićno slavlje?	Do you have a Christmas party?
Hoćete li ići u crkvu za Božić?	Will you be going to church for Christmas?
Kako ćete slaviti Novu godinu?	How will you celebrate New Year´s Eve?
Još ne znam.	I do not know yet.
Ja ću slaviti Novu godinu s prijateljima.	I will celebrate New Year´s Eve with friends.
Ja moram raditi za Novu godinu.	I have to work on New Year's Eve.

Ja ću ići na Novogodišnji koncert.	I will go to the New Year's concert.
Ja ću ići za Novu godinu u Pariz.	I'll fly to Paris for New Year.
Mi ćemo ići na ples.	We'll go dancing.
Mi ćemo ići za Novu godinu u restoran.	We'll go to a restaurant for New Year's Eve.
S kime?	With whom?
S prijateljima.	With friends.
Mi ćemo ići za Novu godinu na more.	We're going to the seaside for New Year.
Čime?	With what?
Autobusom.	By bus.

Winter Holidays – Zimski praznici

Gdje si provela zimske praznike, Ana?	Where did you spend the winter holidays, Ana?
Bila sam u Puli.	I was in Pula.
Kako je bilo?	How was it?
Ugodno i interesantno.	Pleasant and interesting.
Vrijeme je bilo hladno, ali sunčano.	The weather was cold, but sunny.
Ja sam puno šetala.	I walked a lot.
Upoznala sam Pulu.	I got to know Pula.
Gdje si ti bio za zimske praznike, Tomislave?	Where did you spend the winter holidays, Tomislav?
Ja sam bio na skijanju.	I went skiing.
S kime si bio na skijanju?	Who did you ski with?
Koga si upoznao?	Who did you meet?
Ja nisam nikoga upoznao. A ti, Ana?	I didn't meet anyone. And you, Ana?
Ja sam upoznala Marinu.	I met Marina.

Kako dugo si bila u Puli, Ana?	How long were you in Pula, Ana?
Bila sam 7 dana.	I was 7 days.
Ja sam bila isto na moru.	I was also by the sea.
Jesi li plivala na moru, Dijana?	Have you been swimming in the sea, Dijana?
Ne, bilo je hladno.	No, it was cold.
Mi smo posjetili Arenu u Puli.	We visited the arena in Pula.
Mi smo saznali puno stvari o Puli.	We learned many things about Pula.
Gdje si odsjeo, Tomislave?	Where did you stay, Tomislav?
Ja sam odsjeo u hotelu.	I stayed in a hotel.
Kakva je bila hrana u hotelu?	How was the food at the hotel?
Hrana je bila odlična, ja sam dobio 3 kilograma.	The food was excellent. I gained three kilos.
Mi smo proveli puno vremena na rivi.	We spent a lot of time on the promenade.
Što je "riva"?	What is "riva"?

"Riva" je promenada.	"Riva" is the promenade.
Mi smo bili na izletima po Istri.	We took trips around Istria.
Mi smo jeli tartufe i pili domaće vino.	We ate truffles and drank homemade wine.

6. My job – Moj posao

My job – Moj posao

Gdje radiš?	Where do you work?
Što si po zanimanju?	What is your profession?
Kakav je tvoj posao?	What's your job?
Moj posao je interesantan i ugodan.	My job is interesting and pleasant.
Moj posao je naporan i težak.	My job is exhausting and difficult.
Moj posao je lagan i jednostavan.	My job is easy and simple.
Imaš li šefa?	Do you have a boss?
Moj šef je vrlo ugodan.	My boss is very pleasant.
Ja nemam šefa, ja radim samostalno.	I don't have a boss, I'm self-employed.
Moji suradnici na poslu su simpatični.	My colleagues at work are likeable.

Ja radim od 9 do 5.	I work from 9 am. to 5 pm.
Ponekad radim prekovremeno.	I work overtime sometimes.
Kako ideš na posao?	How do you get to work?
Idem pješice jer je moj ured blizu.	I walk because my office is near here.
Ja ne želim promijeniti posao.	I don't want to change my job.
Ja volim moj posao jer je zabavan.	I like my job because it's enjoyable.
Jesi li jučer bio na bolovanju, Thomase?	Were you on sick leave yesterday, Thomas?
Da, jučer sam bio na bolovanju.	Yes, yesterday I was on sick leave.
Danas trebam završiti s poslom.	Today I'm supposed to be done with work.
Imam puno posla.	I have a lot of work to do.
Imam malo posla.	I have little to do.

Yesterday – Jučer

Jučer sam doručkovala oko 6 jer sam morala ranije na posao.	Yesterday I had breakfast around 6 o'clock, because I had to leave early for work.
Na poslu sam imala puno za raditi.	I was very busy at work.
Što si radila na poslu, Ana?	What did you do at work, Ana?
Kada si išla na ručak?	What time did you have lunch?
Nisam išla na ručak.	I didn't have lunch.
Jesi li išla na ručak u kantinu ili si išla van?	Did you go to lunch in the cafeteria or out?
Bila sam samo kratko na ručku.	I just had a quick lunch.
Što si radila poslije posla?	What did you do after work?
Išla sam u kupovinu.	I went shopping.
Kako dugo si bila u kupovini?	How long did you shop?

Je li netko bio na večeri?	Was anyone at dinner?
Moj susjed je došao na večeru.	My neighbor came over for dinner.
Kada si išla spavati?	When did you go to bed?
Alexe, jesi li jučer bio na fakultetu?	Alex, were you at school yesterday?
Išao sam na predavanje.	I went to class.
Jučer nisam imao vježbe na fakultetu.	Yesterday I didn't have any tutorials at the university.
Jučer sam učio cijeli dan.	I studied all day yesterday.
Navečer sam išao van.	In the evening, I went out.
Ostao sam vani do kasno.	I stayed out late.

7. We are celebrating – Mi slavimo

I invite you to my birthday party – Pozivam na rođendan

Ja slavim rođendan u subotu.	My birthday's on Saturday.
Koga ćeš pozvati?	Who do you want to invite?
Ja ću pozvati cijelu obitelj i moje prijatelje.	I'm inviting the whole family and my friends.
Hoćeš li imati rođendansku tortu?	Are you going to have a birthday cake?
Da, ja uvijek imam tortu za rođendan.	Yes, I always have a cake for my birthday.
Koji rođendan slaviš?	What birthday do you celebrate?
Ja slavim 23. (dvadeset treći) rođendan.	I'm celebrating my 23rd birthday.
Tko će još doći?	Who else is coming?
Doći će moji susjedi.	My neighbours are coming.

Ja nikad nisam slavio rođendan u Zagrebu.	I never celebrated my birthday in Zagreb.
Ja sam uvijek slavio rođendan kod kuće.	I always celebrated my birthday at home.
Bit će veselo.	It will be fun.
Moja sestra ne voli slaviti rođendan.	My sister doesn't like to celebrate birthdays.
Ona ne ide nikamo za rođendan.	She doesn't go anywhere for birthdays.
Trebaš li pomoć?	Do you need help?
Kakav poklon želiš?	What kind of present would you like?
Nemam ideju, ti izaberi poklon.	I have no idea, you choose the gift.
Čekam vas u subotu!	I'll wait for you on Saturday.
Možeš li potvrditi tvoj dolazak?	Can you confirm your coming?
Ne znam točno gdje stanuješ.	I don't know exactly where you live.
Poslat ću ti mail.	I will send you an email.

My family – Moja obitelj

Moja mama se zove Ana, a moj tata se zove Hrvoje.	My mother's name is Ana and my father is called Hrvoje.
Gdje živite?	Where do you live?
Mi živimo u Zagrebu.	We live in Zagreb.
Gdje je rođena tvoja mama?	Where was your mother born?
Gdje je rođen tvoj tata?	Where was your father born?
Imaš li brata?	Do you have a brother?
Imaš li sestru?	Do you have a sister?
Koliko godina ima tvoj brat?	How old is your brother?
Koliko godina ima tvoja sestra?	How old is your sister?
Gdje su rođeni tvoji roditelji?	Where were your parents born?
Imate li sina ili kćerku?	Do you have a son or daughter?

Je li Vaš/vaš sin oženjen?	Is your son married?
Ja li Vaša/vaša kćerka udana?	Is your daughter married?
Moja mama je udovica.	My mother is a widow.
Moj otac je udovac.	My father is a widower.
Moja sestra je još djevojčica.	My sister is still a girl.
Moj brat je još dječak.	My brother is still a boy.
Moja braća idu u gimnaziju.	My brothers go to high school.
Moje sestre idu u školu.	My sisters go to school.
Gdje ste prije živjeli?	Where did you used to live?
Imaš li djecu?	Do you have children?
Nemam djecu.	I have no children.

My relatives – Moja rodbina

Ja imam dvije tete.	I have two aunts.

Moj stric i moja strina žive u Zagrebu.	My uncle and aunt (on my father's side) live in Zagreb.
Moji stričevi su u mirovini.	My uncles (on my father's side) are retired.
Moja strina je udovica.	My aunt is a widow.
Ja imam dvije sestrične i 2 bratića.	I have two femail cousins and two male cousins.
Ja nemam ujaka.	I have no uncle (on my mother's side).
Ja imam 2 ujaka.	I have 2 uncles (on my mother's side).
Moja ujna se zove Martina.	My aunt is called Martina.
Ja imam jednog djeda.	I have one grandpa.
Moja baka voli jako unuke.	My grandma loves her grandchildren very much.
Moja baka je imala dvoje djece.	My grandma had two children.
Moja baka je imala troje djece.	My grandma had three children.
Njezina nećakinja nije udana.	Her niece is not married.

Njezin nećak nije oženjen.	Her nephew is not married.

8. Summer – Ljeto

Summer plans – Planovi za ljeto

Kamo ideš na ljetovanje?	Where are you going on holiday?
Idem u Hrvatsku na ljetovanje.	I'm going to Croatia on vacation.
Gdje si bio prošle godine na ljetovanju?	Where were you on vacation last year?
Bio sam u Grčkoj.	I was in Greece.
S kime si bio?	Who were you with?
Bio sam s obitelji.	I was with the family.
Ja sam bio u Francuskoj.	I was in France.
Što ste tamo radili?	What did you do there?
Mi smo odsjeli u hotelu.	We stayed in a hotel.
Ja nisam imala godišnji odmor.	I didn't have a holiday.

Ja sam imala kratko ljetovanje.	I had a short vacation.
Bila sam tamo tjedan dana.	I was there for a week.
Klima je jako blaga.	The climate is very mild.
Hoćemo li uzeti apartman?	Shall we book an apartment?
Ne, ići ćemo u privatni smještaj.	No, we book a private accommodation.
Tko će nabavljati namirnice?	Who gets the food?
Kakvu ponudu ima otok Hvar?	What's the offer on the island of Hvar?
Koliko košta apartman?	How much does an apartment cost?
Košta 100 eura dnevno.	It costs 100 Euros per day.
Je li plaža daleko?	Is the beach far away?
Apartman je u centru.	The apartment is located in the town centre.
Apartman je u predgrađu.	The apartment is located in the suburb.

Kakva je trajektna veza?	What is the ferry connection?
Ne piše ništa.	There's nothing about it.
Trebamo pogledati na internetu.	We should check on Internet.
Možemo poslije odlučiti.	We can decide later.

At the exchange office – U mjenjačnici

Želim promijeniti dolare u eure.	I would like to change Dollars into Euros.
Današnji tečaj je 1 euro za 1 dolar.	The exchange rate today is 1 Euro for 1 Dollar.
Je li tečaj stabilan?	Is the exchange rate stable?
Kolika je provizija?	How much is the commission?
Do kada radite?	Until when are you open?
Radite li i nedjeljom?	Are you also open on Sundays?
Mogu li dobiti samo novčanice?	Can I only get banknotes?
Mogu li dobiti dio novaca u kovanicama?	Can I get some of the money in coins?

At the post office – Na pošti

Trebam marke za razglednice.	I need stamps for postcards.
Koliko stoji marka za pismo?	How much does a stamp cost?
Šaljem paket u inozemstvo.	I send the package abroad.
Želim pismo poslati preporučeno.	I would like to send the letter by registered mail.
Ne, želim poslati pismo običnom poštom.	No, I would like to send the letter as standard mail.
Kolika je poštarina za ovaj paket?	How much is the postage for this parcel?
Mogu li platiti kreditnom karticom?	Can I pay by credit card?
Ne, nemam gotovinu.	No, I have no cash.
Ja ću radije platiti gotovinom.	I would rather pay with cash.
Trenutak.	Just a moment.
Gdje se trebam potpisati?	Where should I sign?

Lost documents – Izgubljeni dokumenti

Izgubila sam novčanik s dokumentima.	I lost my wallet and documents.
Koje dokumente si točno izgubila?	Which documents exactly did you lose?
Putovnicu i kreditnu karticu.	My passport and credit card.
Možda sam izgubila dokumente u banci.	Maybe I lost the documents in the bank.
Trebaš prijaviti nestanak dokumenata.	You should report the loss of documents.
Trebaš ići na policiju.	You should go to the police.
Trebaš ići u banku.	You should go to the bank.
Možda sam novčanik izgubila u apoteci.	Maybe I lost the wallet at the pharmacy.
Imala sam novčanik u ruci.	I was holding the wallet in my hand.
Platila sam kreditnom karticom.	I paid with a credit card.
Išla sam na tramvaj.	I went to the streetcar.

Poslije nisam više imala novčanik.	Later I didn't have the wallet anymore.
Putovnica je bila u torbi.	The passport was in the purse.
Ne znam gdje sam izgubila dokumente.	I don't know where I lost the documents.
Možda su moji dokumenti kod kuće.	Maybe my documents are at home.

A lost property – Izgubljena stvar

Izgubio sam putnu torbu.	I lost the valise.
Gdje i kada?	Where and when?
Danas u vlaku.	Today on the train.
Jučer u autobusu.	Yesterday on the bus.
Vlak je upravo stigao na peron 3, prije 15 (petnaest) minuta.	The train just arrived at platform 3, 15 minutes ago.
Kako izgleda tvoja torba i što je u torbi?	What does your bag look like, and what's in the bag?
Moja torba je velika, kožna i skupa.	My bag is big, leather and expensive.
U torbi su bile moje osobne stvari i dokumenti.	In the bag were my personal belongings and documents.
Koja vrijednost je bila u torbi?	What value was in the bag?
Oko 300 (tristo) eura.	About 300 euros.
Trebam li ispuniti obrazac?	Should I fill in a form?

Gdje se trebam potpisati?	Where should I sign?
Ovdje je broj mojeg telefona.	Here is my phone number.
Možete me nazvati.	You can call me.

My simple sentences

	69

My simple sentences

My simple sentences

My simple sentences	

My simple sentences

72	

My simple sentences

	73
My simple sentences	

My simple sentences

My simple sentences

	75

My simple sentences

	76

My simple sentences

	77
My simple sentences	

My simple sentences

Croatian made easy
Available from October 2023

TEXTBOOKS

Level 0: Easystarts (A1) – up to 400 words

Ana Bilić: Croatian Simple Sentences 1
paperback, e-book, audio book and interactive e-book with audio

Ana Bilić: Croatian Simple Sentences 2
paperback, e-book, audio book and interactive e-book with audio

Ana Bilić: Croatian Travel Vocabulary
e-book

READING BOOKS

Level 0: Easystarts (A1) – up to 400 words

Ana Bilić: My Long-Distance Relationship / Moja daleka ljubav
paperback, e-book, audio book and interactive e-book with audio

Ana Bilić: The Silver Lamp / Srebrna lampa
paperback, e-book, audio book and interactive e-book with audio

Ana Bilić: The Stone Vase / Kamena vaza
paperback, e-book, audio book and interactive e-book with audio

Level 1: Beginners (A1 – A2) – up to 800 words

Ana Bilić: The Extraordinary Challenge / Izuzetni izazov
paperback, e-book, audio book and interactive e-book with audio

Ana Bilić: A Definite Thing / Definitivna stvar
paperback and e-book

Ana Bilić: The Little Big Decision / Mala velika odluka
paperback and e-book

Level 2: Intermediate (A2) – up to 1200 words

Ana Bilić: Next to me / Kraj mene
paperback, e-book, audio book and interactive e-book with audio

Ana Bilić: The Stranger / Stranac
paperback and e-book

Level 3: Advanced (B1) – up to 1700 words

Ana Bilić: The Girlfriends / Prijateljice
paperback and e-book

Ana Bilić: Summer Holiday in Istria / Ljetovanje u Istri
paperback, e-book, audio book and interactive e-book

Ana Bilić: Departure / Odlazak
paperback and e-book

Level 4: Perfection (B2) – up to 2200 words

Ana Bilić: My Name is Monika – Part 1 / Moje ime je Monika – 1.
dio *paperback and e-book*

Ana Bilić: My Name is Monika – Part 2 / Moje ime je Monika – 2.
dio *paperback and e-book*

Ana Bilić: My Name is Monika – Part 3 / Moje ime je Monika – 3.
dio *paperback and e-book*

Level 5: Perfection Plus (C1) – up to 2800 words

Ana Bilić: The Encounter / Susret
paperback and e-book

Ana Bilić: The Date / Sastanak
paperback and e-book

Level 6: First Language (C2) – up to 3500 words

Ana Bilić: The Visit / Posjet
paperback and e-book

Ana Bilić: An Interesting Motive / Interesantan motiv
paperback and e-book

Level 7: Standard Literature - without vocabulary section

Snježana (Ana) Bilić: Život s voluharicama – nadrealne priče
paperback and e-book

Snježana (Ana) Bilić: Knjiga o Takama – bajke za odrasle
paperback and e-book

Ana Bilić: Ulica snova – fantastične priče
paperback and e-book

Ana Bilić: O jasnoći i drugim zabludama – pjesme
paperback and e-book

Please visit us on

www.croatian-made-easy.com

and learn more about other mini-novels and other learning material.
New books and digital media are published continuously.

www.ingramcontent.com/pod-product-compliance
Lightning Source LLC
LaVergne TN
LVHW011602210726

843509LV00016BA/808